여해룡 시집

들녘에 핀 노래

石人先生詩集
出刊記念

集錦

鹿潭 拜上

詩集 '들녘에 핀 노래' 出刊을 衷心으로 祝賀 하나이다

丁酉 六月 十九日 鹿潭

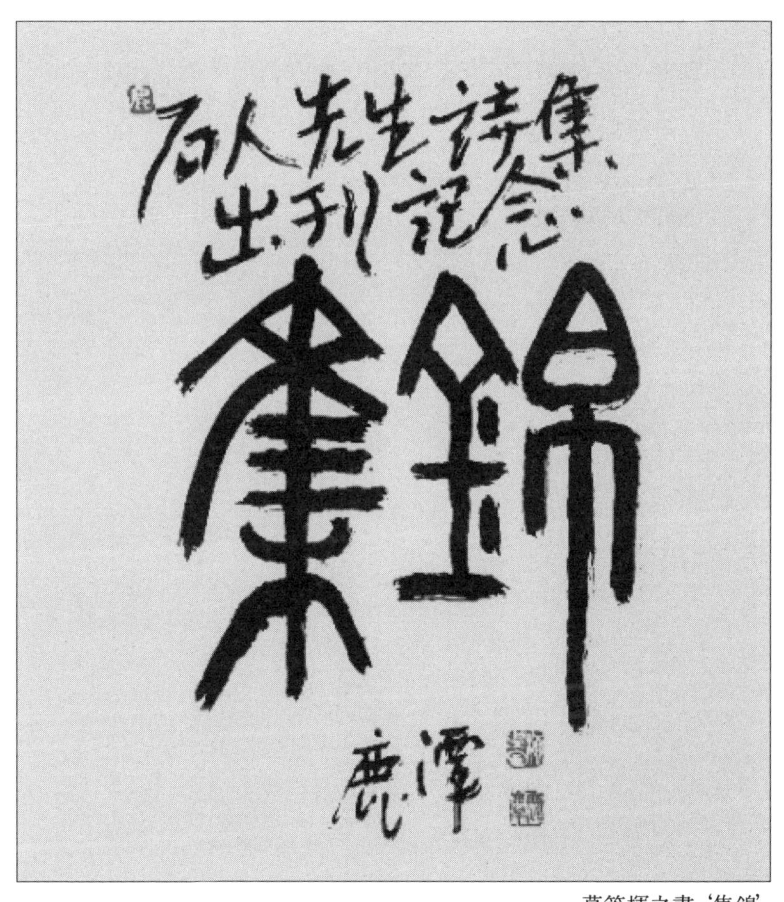

葛筆揮之書 '集錦'

국립중앙도서관 출판예정도서목록(CIP)

들녘에 핀 노래 : 여해룡 시집 / 지은이 : 여해룡. -- 서울 : 한누리
미디어, 2017
p. ; cm

ISBN 978-89-7969-748-3 03810 : ₩10000

한국 현대시 [韓國現代詩]

811.7-KDC6
895.715-DDC23 CIP2017014779

여해룡 시집

들녘에 핀 노래

한누리미디어

펴내면서

'들녘에 핀 노래' 라고 한 이름은 1962년 「국제신보國際新報」에 당선되었던 시 제목이며, 첫 시집을 펴내고자 했을 때도 같은 이름이었다.

1974년 인쇄 직전에 정보기관에 압수되고, 연행 구금으로 시를 접고 말았다. 여러 해 동안 발표했던 우취칼럼을 모아 칼럼집을 두어 권 엮어내었다.

이번에 여러 문학지 등에 발표했던 시들을 모아서 다시 《들녘에 핀 노래》라 묶었다. 이 시집은 필자가 관여하고 있는 회사 '世美' 대표의 배려와 이전에 칼럼집을 출간해 줬던 '한누리미디어' 의 도움으로 펴내게 되었다. 이에 고마움과 격려의 글을 써준 윤인석 교수께도 인사를 담는다.

檀帝紀元 4350년 오월에

여해룡呂海龍 적음

선생님을 작품으로 뵙게 되었습니다

윤 인 석*
(성균관대학교 건축학과 교수)

여해룡 선생님은 저의 주일학교 시절 선생님이십니다.

저는 초등학교 시절을 부산 온천동에서 지냈습니다. 당시 우리 가족은 부산대학교 입구가 들판 너머 멀리 바라다보이는 온천시장 초입에 있던 소정교회에 다녔습니다. 그 교회의 어린이 주일학교를 여해룡 선생님이 지도하셨습니다. 부산 YMCA에 다니시면서 주일날엔 백 명 넘는 어린이들에게 성경과 찬송을 가르쳐 주셨는데 회갑이 지난 지금도 저에게는 오뚝한 코에 검은 뿔테 안경의 '멋쟁이 키다리 선생님' 으로 기억되고 있습니다. 선생님께서는 "나는 남자 여 선생이야"

* 필자는, 여해룡 시인께서 청년시절 봉사활동하였던 교회인 윤인구 박사(국립부산대 총장)님이 세웠던 부산 소정교회(대한예수교 장로회) 어린이 주일학교의 학생이었다. 윤동주 시인의 동생인 고 윤일주 교수(1927~1985, 부산대학교, 동국대학교, 성균관대학교 건축공학과 교수 역임. 1955년 『문학예술』 추천을 통해 시인으로 등단)의 장남이다. 필자의 선친은 생전에 시인과 문학적 교류를 깊게 하였다. 이러한 어른들의 모습을 어릴 때부터 보아온 눈으로 기록한 이 글을 독자들에게 '소개하는 글' 로 갈음하고자 한다.

하시며 아이들에게 재미있게 성경말씀과 찬송을 배워 주셨습니다. 가끔 평일에 우리 아버지를 만나러 집에 오시기도 하셨는데 멋쟁이 선생님이 우리 집에 오셨다는 사실에 저 혼자 어깨를 으쓱거리기도 했던 기억이 있습니다.

아버지를 따라 서울로 이사한 후, 제 나이 쉰쯤 되어 선생님이 제 기억 속 희미한 사진으로 남아있었을 때, 선생님께서 어느 날 전화를 주셨습니다. 서울 무교동 스타벅스에서 선생님이 들려주신 그간 밀린 얘기 속에서, 이미 하늘나라 가신 저의 선친과 시에 관해 의견 나누시느라 자주 만나셨고, 이를 계기로 저의 큰아버지 윤동주 시인이 그다지 세상에 알려지지 않았을 때인데도 부산의 시인들과 모임이 있었고, 매해 2월이면 큰아버지 기일에 우리 집에서 추도식을 하셨다는 것도 알게 되었습니다.

서울장신대 교수로 서양문화사를 가르치셨고 우취 칼럼니스트로서 바둑판의 한 칸 정도 크기의 공간 속에 담겨 있는 우주의 이야기를 소개해 주고 계시는 선생님을 뵙고 연세와 상관없이 새로운 것에 도전하시고 또 이루어 내시는 열정에 머리가 절로 숙여지고 다시 존경하게 되었습니다.

그로부터 십여 년이 흐르는 동안, 사는 것이 바쁘다는 핑계로 무심한 제자가 먼저 연락드리지 못하고 있을 때, 때때로 선생님께서 보자고 하시면 무교동으로 광화문으로 달려 나가 선생님의 옥고가 실린 저서를 받아 들곤 하였습니다. 항상 지칠 줄 모르시는 에너지로 열심히 한 걸음씩 내디디시는 선생님은 언제나 '멋쟁이 키다리 선생님' 이셨습니다.

그런데 며칠 전, 선생님께서 시집을 출판하실 계획을 세우셨다시며 저에게 소개의 글을 부탁하셨습니다. 그것도 여러 분이 쓰시는 평설 중의 한 꼭지가 아니라 저의 글만 싣겠다고 하셔서 많은 고민을 하였습니다. 그러다 "팔순을 넘긴 사람의 첫 시집에 어떤 평자가 평설을 쓰겠는가? 오십 년 전부터 가까이서 멀리서 보아왔던 교회의 제자가 노시인의 시집에 축하의 글을 써 주는 게 더 의미 있는 일 아니겠나?" 하시며 강권하시던 선생님의 말씀이 저로 하여금 감히 자판을 두드리게 하였습니다.

선생님의 시고와 자료들을 보면서 청년시절에 유신반대운동으로 체포, 구금되신 바 있고 이때 시집 출판을 위해 선별해 두셨던 원고를 압수당한 채 소실되었다는 것을 알게 되었습니다. 그러고 보니, 선생님의 시들에서 왠지 쓸쓸함, 허무함을 살짝살짝 느낄 수 있었는데 생애 첫 시집의 꿈이 폭압에 의해 빼앗기신 후에 한동안 시작을 접고 산문을 쓰시게 된 배경과 함께 그 쓸쓸함에 대해 이해할 수 있었습니다. "산문에 익숙하다 보니 이제 시를 쓰기가 참 힘들어졌다"라고 저를 만나실 때마다 말씀하시던 그 의미를 알게 되었습니다.

하지만, 등단 초기의 작품 일부를 찾으셨고 작곡가 김동진 선생님이 곡을 붙여 주신 노랫말 작품도 있으며, 무엇보다 시집을 손수 엮어서 출판하시는 일이 얼마나 행복하신 일인지를 이 제자는 꼭 여쭙고 싶습니다.

저의 아버지는 당신 형님 돌아가시고 3년 후에 유고시집을 내셨고, 저 역시 저의 아버지 돌아가신 후에 유고시집을 두 번 엮어 드렸습니다. 출판사와 상의하면서 결정하는 하나하나에 대해 돌아가신 분은 마음에 들어 하시기는 할까? 늘 고민이었습니다. 제가 하늘나라 가게 되면 뵙고 여쭈어 봐야 할 일이겠지요. 자신의 책을 자신의 손으로 펴내실 수 있는 일 또한 축복받으신 일이라 생각합니다.

선생님의 여러 시를 읽고 또 읽어 보았습니다. 문학에 대해서는 아는 바 없지만 어려서부터 존경했던 선생님의 작품을 감상한다는 마음으로 하나하나 더듬어 볼수록 '구름과 바람' 이라는 작품에 자꾸 마음이 갔습니다.

저 궁창에
하늘이 열리던 날
햇님이 눈을 뜨자
구름도 뒤질세라
따라 떴다

눈앞에 가리워 선 구름더러
비켜서라고 눈짓을 하자
바람이 되어 사라지더니

달님도
흉내 내어 눈을 뜨고
달아났던 바람이

놀란 듯 구름 되어 나타났다

구름이 바람이면
바람도 구름이다

선생님께서는 '석인石人' 이라는 호를 가지고 계십니다. 이 시를 읽으며 떠오르는 그림 속에는 낮과 밤, 구름과 하늘, 그리고 이러한 것들 사이에서 생겨나는 바람을 평생토록 지켜봐 오신 '석인' 의 모습이 담겨 있습니다.

살아오시며 순간순간의 중요한 생각들을 간결한 시에 담고 그것들을 추려서 책으로 엮으신 선생님! 다시 한 번 존경의 마음을 드립니다. 건강관리 잘 하셔서 '영원한 멋쟁이 키다리 선생님' 으로 저희 곁에 오래도록 같이 하시기를 기도합니다.

문학에는 지식이 부족한 공학도가 선생님의 작품을 제대로 이해하지 못하면서 축하드리는 마음에 기뻐하며 흥분된 심경을 기록한 것이니 넓으신 마음으로 귀엽게 보아 주시기를 두 손 모아 부탁드립니다.

2017년 어린이날

윤인석 올림

차례

제 1 부 끝내지 못한 노랫말

제 2 부 차향 짙은 서가

차례

제 3 부 책 갈피끈

제 4 부 강가에서

제 1 부

끝내지 못한 노랫말

어느 한 날

이 친구는 아주 자그마한
보따리를 감춘 채
멀찌감치 숨어 사는 녀석이다

그러니까 낯짝 한 번
내밀지 않고
시간과 짝하고 산다

옛 선현들은 어쩜 만났음직도 하다

행운과 실망만을 함께 지닌
희한한 친군데

그 님이나
나도 한 날은 만날 거다

마감은 또 다른 시작이다

해가 저물면 아침이 멀잖듯
끝자락은 또 다른 시작이다

마감이란 이복형제지만
새 아침의 예고다

걸림 없이 다가오는 세월은
개울물 흘러가듯
무량대수로 흘러온다

여름의 예비 꾸밈이 봄이라면
겨울 채비는 낙엽 지는 가을이다

새색시가 저고리 옷고름 푸는 짓이나
강아지 잠듬이나 다름 아니다

계절의 끝자락은
교향악의 서곡이다

끝내지 못한 노랫말

사랑하는 나의 고향은
한 번 떠난 후에
날이 가고 달이 갈수록
내 맘 속에 사무쳐
자나 깨나 너의 생각
잊을 수가 없구나

내 맘 속에 각인되어 있는
시도 때도 없이
흥얼거리는 노랫말이다

소학교 때 배웠던 것을
한평생 못다 부른
추억의 노랫말이다

아직도 끝맺질 못한
노랫말이다

저 쪽

하늘 끝닿은
그 쪽일까
아니면 별나라 쯤일까

외할머니랑 엄마가 계시는
그 곳일까

혀뿌리 빠지도록
고민해 봤자 헛걸세

숨 쉼 안쪽 어디쯤일 테니
아예 지레 짐작해 볼까봐

두 귀 두 눈 모두 감으면
끝자락이 보이겠지

무궁화 · 2

예대로 목근木槿의 꽃 피움은
한민족의 얼이오 긍지였는데
왜놈한테 나라 뺏겼던 시절
창씨개명이 강행되면서
무궁화 이름도
번리초라 불리우게 되었다

이는 울타리 꽃이라면서
천대를 받아
뜰안에서 뽑히어
귀양을 가게 된 것이다

자칫 이 땅에서
영영 사라져 버릴 뻔했다

배달의 뜻 새긴
하얀 자존은
천대의 수난 땜에
붉은 꽃만이 피어 왔는지도
모른다

이젠 홍단심이든 백단심이든
나라꽃 무궁화는
두 가슴 활짝 펼치고
흐드러지게 피어도
탓할 이는 없다

한울의 긍지로
배달의 기상으로
환희의 높임으로

영원 무궁하여라
영원 무궁하소서

시근 든 탓

구름이 내어뱉은
빗물은
사실상 눈물이라 불러야
맞을 거다

차마 나잇값 하느라
한 번도 실컷 울어보질 못했다

그러니 펑펑 쏟아질 눈물도
소변으로 배설되고 말았는지 모른다

눈물 못 흘린 애틋함도
억지로 삭이고 있다가
잠이 들고 말았다

억수로 분한 날도
눈물이 제대로 나오질 않음은
시근 든 탓일까

우리 집 하늘

직사각 창 너머
하늘 한 조각

앞산 먼 산
사철 짙푸른 그림은
구름떼 불러들여
화폭을 꾸민다

산새들은 디지털 아트를
흉내내느라
겁 없이 오가고
까치도 덩달아
제법 까분다

새봄 아지랭이 피자
오케스트라 연주 울리고
안개 끼면 캔버스는
온데 간데 없어지네

운 좋게 비구름 걷혀
뜬눈 새우면
제 멋일 거다

계류溪流

아사달의 선남선녀가
멱 감던 계류는
운무를 피우는 옹달샘의 시원으로
태양을 품고 달빛을 배태하자
바람이 흩뜨리고 간다
그래도 고라니나 산비둘기들이
수면에 눈망울을 적시면서
계류의 반주음에
목소리를 틔운다
별밤 없는 그믐께
시간을 정지시켜 적막을 연습하고
끝내는 엇박자 화음 따라
긴 여행길에 오른다

미룸

변명의 구실은
뿌리가 엄청 강해서
예사롭게 말라 죽지도 않네요

버릇의 줄기도
성깔이 실해서
쭉쭉 뻗어만 나가네요

밤낮없이 마음 속 깊이 가라앉아
잘 뽑히질 않네요

한술 더 뜨면 끊어지지 않는
실타래 뭉치네요

네 탓에서 내 탓이 되어
기죽고 마네요

옛 수수께끼

옛 추억은 흐려져
사라지듯이
시냇물도 시냇가도
자취를 감춘 지 오래다

개발이라는 미명 아래
흔적마저 찾기 힘들다

어릴 적 영희도 철수도
아랫도리까지 활짝 벗고서
미역 감으면서 가재도 잡았다

그때만 해도 잔잔한 물 위에는
소금쟁이가 미끄럼을 타고
왕잠자리도 방문객이었다

둔치 위에는 수양버들이며
온갖 들꽃들도 멋졌지만
둑길 따라 찔레꽃 뽐냄은
추억의 서곡이었다

이제 시냇물 찾기란
옛 수수께끼다

구름과 바람

저 궁창에
하늘이 열리던 날
햇님이 눈을 뜨자
구름도 뒤질세라
따라 떴다

눈앞에 가리워 선 구름더러
비켜서라고 눈짓을 하자
바람이 되어 사라지더니

달님도
흉내 내어 눈을 뜨고
달아났던 바람이
놀란 듯 구름 되어 나타났다

구름이 바람이면
바람도 구름이다

알려주고 싶어서

오늘도 '밤새 안녕 나이'*와
함께 잠자리에 누웠지만

꼭 알려주고 싶은 얘기 땜에
벌떡 일어나 앉았다

한글 말을 이야기하고 싶어서다

늘 외고 펴는 버릇으로
한자도 우리 글 우리 말임을 되뇌이면서
그래도 한글만은 옳게 갈고 닦기에 애써야겠다

일백은 온이요 일천은 즈믄이고
일만은 골이요 일억은 잘이란다
그리고 조는 울이다

어제도 좋았고 오늘이란 말도 멋지듯이
내일의 본디말은 하제라는 걸 알려드리고 싶다

굳이 하제로 바꾸자는 건 아니다

이미 굳혀진 말들은 그대로 두고
사용함이 편하다

찬송가 부르고 기도할 때는 감사지만
나날 오가는 말만은 고맙다고 함이 좋겠다

정말 고맙습니다

*밤새 안녕 나이 : 나이가 든 사람은 어느새 이승을 떠날지 모름을 빗댄 말

역류

해가
동쪽으로 진다고
설파說破

큰스님의 할喝이다

그래
자넨
알아들은 척
고개를 끄떡인다만

사시사철
바람까지
토막내어 동반하고
샛바람 좇아간
마중물

못다 푼
대수代數라
까발릴 수도 없고

장미

장미 1

장미가 사랑이면
사랑을 가시다

장미 2

짝사랑에 지쳐 가시가 되었단다

장미 3

어린 왕자 마당엔
한 그루 외로움

장미 4

부모님 주일의 한 송인
울엄마 미소

오뉴월 단상

시샘 속 앞다퉈 꽃피우는
봄날의 칸타타

개나리 벚꽃보다
철쭉은 대감의 자태

기죽은 듯
엎드려 뽐내는 민들레
구도자의 기품

산바람 강바람 따라
숨어 흐르는
소리없는 가락은
장군의 눈빛

아무래도
오뉴월 끝자락은
불완전 종지부다

구절초九節草

백의천사 화신인가
어머니의 속적삼이었던가
저 북극의 빙하인가

속웃음 꺼내 놓은
파라솔인가

끝내는
가을 하늘 뭉게구름이더니

그래도 그렇게 하얗다

*구절초九節草 : 가을철 산야에 피는 국화과의 흰 꽃이 멋져 들국화라 부른다.

비행운

백여우 은여우
꼬리로
창공을 사르며
멈춘 듯 천천히
떠내려간다

백운선사
절집 빗자루로
한 획을 치니
날개 접은 백조는
마지막 잔운殘雲이다가
운무雲霧로 이운다

*비행운飛行雲 : 높이 날아가는 비행기 뒤쪽에 나타나는 구름 띠
*백운선사白雲禪師 : 1299~1375. 고려시대 때 '직지심경' 을 쓰다.

빗줄기

그처럼 직설적인
화법으로
대들 것 뭐 있노
한 박자 쉬고
호수로 가렴

그것 봐
비둘기 날개 젖어
성내잖아

후박나무 가슴팍
후려칠 것 뭐 있노
숨죽이고
강으로 가렴

속내

후회의 그늘에도 훈풍은 스미어 들 듯

산 높이만큼이나
지난 세월 속에서
또 다른 시간을 챙기고

길 가다가 되돌아 서는
심정이야 오죽하겠소만

바지 주머니에 찔렀던
두 주먹을 허공에 날려 보낸다

아
그 마음

풀숲

산자락의 오지랖은
늘 쉼터이거나 놀이터라
이따금 산새들이 방문을 하지만
이 모두 귀한 손님은커녕
배설물만 쏟고 간다네

그래도 점잖은 손님은
토끼와 고라니들

진짜 멋진 방문객은
나비와 꿀벌들

하지만 좋은 동무는
내색 없이 손짓하는
달님과 먼 별

그래선지 산자락의 오지랖은
근심 접고 키대로 뻗고 있다네

사상事象 · 1

땡감 따 먹은
고추잠자리
떫은 맛 땜에
간짓대 못찾아
도랑물에 불시착

사상事象 · 2

마실 나온
새끼별들
호반에 내려 앉아
먹감느라
금파랑 소요騷搖 친다

제2부

차향 짙은 서가

그럭저럭 세월은

빛바랜 탱화거나
돌버섯 낀 석탑이든
약속 지키는 도반은
일시무종일一始無終一*이고

옛님이 숨겨놨던
눈웃음을 구석진 가슴 속서
되살려 내었어도

이제는 말라가는 개울물과
노을 따라 저무는 회억일 뿐

이따금 훙얼거리는
세마치 가락조차
한 박자 쉼표가
차지해 버렸으니

아 때 늦은 샛바람
비웃음만 띄우고
느린 발걸음마저 가볍잖구나

* 天符經의 一始無始一과 一終無終一을 조합해 본 것임

KBS 93.1 MHz

런던 필이 1965년에 연주했다는 베토벤의 '피아노 협주곡 2번' 이 끝나자 남자 아나운서는 다음 곡에 대한 해설을 한다. 헨델의 '불꽃놀이' 에 관해서. 어느 여자 시인이 쓴 '한 잔의 붉은 거울' 이라는 시집을 뒤적이다가 벽시계 뻐꾸기란 놈의 뻐꾹 소리도 설치고 말았다. '불꽃놀이' 는 2시 14분쯤 끝났다. 이어진 곡은 바그너의 '첼로 소나타' 였는데 마냥 피아노를 깔아뭉개는 것이 언짢아 두 개의 전원을 한꺼번에 끄고 잠을 청했다. 2시 35분에.

되돌아갈 건데

언짢으면
그만두지
시부렁거리기는

태양 없는
반나절
그믐 없는
초승달
숨은 섭리*라

분절된 구름
쳐다보랴 안으랴
마디마디 찡그리느라
볼 일조차 못 봤잖아

시간의 문이 닫혔으면
해바라기 꿈을 꾸면
그만이지

오면서 전봇대 수는
뭣땜에 세었노

한심한 노릇이군
다 아는 사실을

*섭리 : 창조주의 의지

숲길

생명의 놀이터가 자연이면
자연의 놀이터는 숲이다

수도승들이 숲길을 틔웠단다

숲길 끝나면 산이 되고
산이 끝나면 숲이 된다

정령들의 연주장은 햇님의 잠자리

오늘도
숲속의 오케스트라는
서서히 막을 내린다

어딜 가십니까

해거름께 사립문을 나서던
외할머니께 여쭙던
인사말이던 것이
지금도 그대로 유효하네요

스스로 묻는
물음이 되었으니

속내 감춘 채
떨어지는 낙엽이든
흩뿌리는 빗방울도
그믐달도
마음 깊은 우물 속과
약속을 한 건가요

눈빛으로
어딜 가십니까

큰 풀

서울 안에서도 게으른 보도 위엔
잔풀은 더러 보이지만
제멋 부리는 큰 풀은 없다네

도심 벗어난
아파트 10층이면
앞뒷산이 멀잖고
개울 둔치에
큰 풀들 노니는데

키대로 자란 큰 풀은
잔춤 추면서
먼 구름 불러모아
어깨춤 선보인다네

시든 그믐밤이면
초목草木을 꿈꾸고

귀뚜리와 함께
된소리 한 가락 뽑는다네

뜀자욱*

경주에 나가는 말은
늘 그렇게
예비운동을 하고 있지만

누구한테 배웠는지
정말 모를 일이다

번갈아 박자 맞추는
제자리 뜀박질을

혼성 탁구 선수가
본받아 흉내 내고 있음을
누구 눈여겨보는 이 없지만
날렵하고 흥겹고
멋지고 멋지다

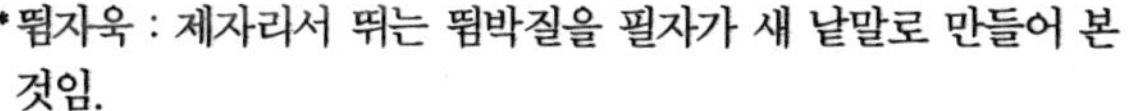
*뜀자욱 : 제자리서 뛰는 뜀박질을 필자가 새 낱말로 만들어 본 것임.

고압선 철주

그대 이름은
네 발 딛고 선
철 전봇대

능청이 늘어뜨린
줄날개 심들을
두 어깨에 달고서
간 크게 전달하는
우체 집배원이구려

눈바람 아랑곳없이
산까치 까마귀떼
쉼터 제공하는 보살로

사철 곁눈 팜 없이
들판길 내달리다
산고개 넘어가는
희한한 녀석이구나

설마 위험 안은 채
멀대 같은 기백을

힘자랑하려는 건 아니겠지

언제쯤 마감할지
귀띔이라도 해 줄 순 없겠니

산山

늘 거기에
그렇게 있음은

청산만을 살고파
대대로 이어 받은
성씨 때문이겠지

백씨 묘씨 설씨 태씨
마씨 계씨 지씨 한씨와

나라 밖에는
에씨 알씨 킬씨 코씨
록씨가 있지만

금金씨가 최고다

새 3.1절

여러분
기미년 독립만세 소리가
아주 사라져 버렸을까요

아닙니다
두 동강 허리가
하나 되어 우뚝 서는 날

새문안*의 옛종은
징징 소리를 벗어 버리고
생생 소리로 거듭날 겁니다

그 날이
바로
통일만세 기도드리는
새 3.1절입니다

*새문안 : 광화문에 있는 2017년 현재 130주년이 된 교회

흑심黑心

절집을 팽개치고
하산하는 스님께
궁금증 몇 마디를
여쭈어 보려는데
검정달이 새까만 빛을
마구 쏟아 붓고
오감五感마저 잠금된
도둑놈 굴 안입니다

혹시 당신께서는
욥*의 시련을
내게 시험해 보실 셈인가요
아니 되옵니다

태양이 다 타버린
도둑놈 굴 안에서
흑일몽黑日夢에 빠져
궁색한 계책을
꾸미는 중입니다

*욥 : 하나님으로부터 시험삼아 내린 최악의 고통을 이겨낸 구약성서 욥기의 주인공

표류

하늘이 내려앉던 신새벽
무서리 깔린 보도블록에
구두코가 채이면서
질펀한 갯벌이 몸으로 차 오른다
오물을 게워내는 아랫도리로
헐거워진 하늘이 돌고
평생을 뻐품으로 산 남자는
자꾸만 강으로 떠내려간다

중세의 담벼락에
부표로 떠 있는 여자 하나
노숙을 고백하며 빈 술병에
밤을 채운다

별가루 흩날릴 때
남자와 여자가
어두운 자궁으로 동반 투신한다

불확실한 것보다 확실한 것은 없다

지난해 이맘 때 소나기가 내렸지
산 그림자 드리운 시냇가 버들가지들 물 올라
박자 빠른 머리채를 제 흥에 휘젓고
왜가리 논가서 노닐기도 했었지
모내기하려는 무논에
개구리떼 목청은 어지간히 높았는데
올해도 예외가 아니었으니
다가오는 해에도 그럴 것이 뻔하지 않은가
님*께서 구름타고 다시 오신다니
옷깃 여미는 것만은 잊지 말아야 해
그래도 어젯밤
잔 비운 복분자술 다시 잔 채울 수는 있어
꽃, 구름, 바람 지나 또 꽃, 구름, 바람은
불확실한 것이라네

*님 : 세상에 재림해 오실 예수 그리스도

하느님과 하나님

님은
머리 속에서 맴돌고
욕념欲念은 가슴 속에서 팔랑거린다
창조주가 외출한 날은
잰걸음으로 걷다가
소걸음도 걷고
햇님이 잠자리에 드는 날은
노을을 탐닉한다

산등성이에 올라서면
산바람 속에서
하느님은 바삐 사라지고
장터로 되돌아오면
사치한 시신들 기둥 속에서
하나님을 찾는다

하느님은 부처님 편이거나
신부님 편이지만
하나님은 목사님 편일까

늘 그러하듯이 하나님이 저만큼 떠나가시자
하느님은 오신다

차향茶香 짙은 서가書架

예전에 대목수가
벽장 다락을 달아낸다고
긴 하품을 연방 내쉬며
뻐다귀 재를 안치하려고 납골묘 자리를
잡은 것이 지금의 서가書架이다

고양이를 얼씬 못하게
부지깽이로 후려친 것은
잘한 처사는 아니었다
서생원들이 밤낮 없이
달음박질 소릴 내고 있는 걸 보면

어느 날, 해방군이 진주하여
대못질해 둔 문턱 높은 문짝을
뜯어 제치자 서권기書卷氣 어린 향이
등천을 하면서 차향이 되고파
점잖을 피우며 머리를 푼다

*서권기書卷氣 : 서가의 책에서 풍겨내는 향기

저울

손바닥 짐작
한뼘 막대기
한약방 할아버지
소꿉만한 천칭*

다리 묶인 수퇘지
목따는 괴성
눈금 가늠쇠 멈춤 없고

덩치 큰 화물 트럭
운전기사 몸무게까지

가녀린 알몸
사뿐히 밟고선
수줍은 앉은뱅이 눈금저울

아가는
눈맞추려 눈맞추려
저울질해도
영零이어라

*천평칭天平秤을 줄여서 천칭이라고 도 한다. 작은 손저울로 잴 물건과 추를 양쪽에 각각 얹어 놓고 평행을 취함으로써 무게를 다는 저울

듬뿍

넉넉한
한아름

어머니
속마음

아니면
광주리

퍼담고
퍼주고

채우면
넘치고

마음을
풀면은

무한의
고마움

만남

만남은 떠남의 서곡
조우遭遇 아닌
찾아 나서는 필연이다
어지간히 언짢아도 내색 않는
어미 마음인데
이 핑계 저 핑계 마지못한 체면치레
살갑고 설레는 기쁨도
더러 있지만
억한 감정 고압통에 가두고
눈시울 감춘 인연
일생을 횟수로 치자면
때 아닌 폭설의 보탬 같지만
덧셈이 아닌
나이테다

가을 풀섶

여름 내내 못 본 체 지나쳤지만
이 가을에는 발길을 멈춥니다
키 큰 느티나무 단풍잎의 물감이
뚝뚝 떨어져 풀섶에도
흥건히 고입니다

찬이슬 정령이
가을 햇살을 비껴나게 하더니
달님을 맞아들이고
귀뚜라미 목청도 칸타타에
끼어듭니다

시골 할아버지 옷고름처럼
머리 저어 하늘춤도 춥니다

한 계절 끝물 여위어
이엉을 엮어가고
성찬대 보자기를
덮어 씁니다.

그러세요

두 가슴 여는
빗장에
마음 깊이
새겨 담는
촉촉함은
샘물 긷는 솜씨라
건네는 속내도
제자리 열림이니
늘 정답입니다

돌멩이 마음

제법 깊은 숲속 절집 마당가에서나
개울이든 바닷가서 주워왔는데
쉼 없는 숨 속에 잠들어 있다

조상이 있는 몸들이다

임자가 내려다보고 있는 줄도 모르고
수석이니 차돌이니 석돌이든 저 구름 너머
그 님의 피조물을 훔쳐 왔음에도
주워왔다고 한다

셀 수 없는 세월 속에서 노닐고 있기에
잠시 모시고 왔다는 변명이면

그 친구도 아량을 베풀 거다

제3부

책 갈피끈

찔레꽃

찔레꽃순 먹던 시절
찔레는 하얗게
피어 있었다
어느 날
찔레꽃 붉게 핀다는
노랫소리에
민중들도 따라 불렀다
노래가 끝나자
찔레는 새빨갛게 물들어
잠들고 말았다

이데올로기의
가시여
찔레여
하마터면 정절 못지킬 뻔한
찔레여
그대 장미의 어머니여
선잠에서 하얗게 깨어나라

동무

동무는
어깨동무지만
친구는
술친구다
이웃과 더불어 사귀면
벗이다

이 가운데
제일은 동무지만
공산당이 앗아갔다

바랑

배부른
바랑鉢囊 속이
궁금하던 참에

그 스님
바랑 열더니
바람 쐬고
단숨에
훌치고 만다

그 배낭背囊
멋집니다
많이 들어갑니까

묵묵부답 먼 산만

잔솔 바람
두어 웅큼 따다가
양쪽 주머니
채우더니

세상바람도
담을 속셈인지
부리나케
줄행랑치네

*바랑 : 스님들이 등에 메고 다니는 자루 같은 큰 주머니

모를 일

하늘과 산이
늘 거기에 그렇게 있지만
그 까닭을 모른다
그제도 오늘도 똑같다

먹구름이 얼싸안다가
떼지어 달아남은
미친 바람과 한 통속이라서 그럴까

사철 내내 점잖은 얼굴로
신비만 내어뿜을 뿐
아무 말이 없구나

미처 이름이 없었더라면
거룩한 이름 하나 지어주었을 텐데

두 눈을 뜨거나 감아도
검을 현玄이니

그저 모를 일이다

마감

해거름은
한 날도 걸리지 않고
능선에 걸려
슬프게 물듭니다
마감 때문이죠

아니오
시작일 따름입니다

쓰시던 글
잠깐 접어 두시고
동산으로 올라가시죠

계류 가에 섰는
물푸레나무한테
한 말씀 드려야죠

속살 시리더라도
이 계절 넘기는 게
또 다른 시작이라고
타일러 주셔야죠

나무가 될까

사철 하늘 뻗는
삼나무는 겁 없이 부럽다

내딴은
키 크다지만
목 어깨 구부정해서
못 겨룰 수밖에

혹시나 하고 소나무에게
아부성 추파를 던져 보지만
본시 성깔대로 성난 기색이다

하다 못해 아까시로 태어나게
수목장이면 어떨까

아이구 깜박이야
예수쟁이라서 환생은 어렵다는구만

천성 두 눈 뜨고
합장할까 봐

나무아미타불
아멘

쑥부쟁이

들국화의 모태신앙을
빼어 닮았구나

산들바람이
엇박자인데
어쩜 주름치마 춤을
그렇게 잘 추노

자주남빛 물감은
어디서 들였노

그 녀석들께
추파를 던지느라
그랬겠지

예수쟁이 항렬이라
일가인 줄 알았더니
성씨가 다르네

골고루

가랑비가 내립니다
싸락눈이 내립니다
초가지붕에 촉촉이
원두막에 소복이

햇빛이 내려 쬡니다
가난한 농부집
부잣집 별장
달동네 비탈길에도

예대로 만든 못자리에
할아버지 할머니
볍씨 일일이 흩어 뿌리고
애써 가꾼 텃밭에도
바가지 물 빈틈없이 뿌립니다

어미 제비 둥근 달만큼이나
입 벌린 새끼들
빠짐없이 먹입니다

하느님은 유달리 한 쪽에만

마음 쓰시는 건지
아파트의 지붕에만 내리시고
층층 집집에는
거들떠보시지를 않네요

달님의 고백

시골 외딴 우물 속은
고즈넉한 샘터라
밤마다 햇님 몰래
서방질하기 좋습니다
어쩌다 길손의
두레박질쯤은
성가셔도 내버려 두고요
물동이 차도록
잘게 잘게 퍼올려도
성낼 까닭이 없습니다
외간에서 얻은 녀석은
알몸으로 웅덩이서 놀지만
시집간 딸년은
냇물에서 강 따라 흘러가는데
바다가 시댁이랍니다
비바람 일고 구름 낀 날은
아무렇지도 않게
날밤 새울 뿐입니다

그리고

움트고 열매 맺음
구름 따라
사철이라
동틈 해거름
한낮 햇빛
하늘과 땅의
기氣도
사랑이라
어버이
마지막 유언
말뜸話頭이고
온갖 것
메아리 없는
여운이라

책 갈피끈

한 살이를 꼭대기에 매달려
날숨 죽인 채
맡음 자리 지키는데

가로 지른 씨줄*
버젓이 누운 채
반세기 동안
부릅뜬 눈길로
오가는 이 막으니

차마 그게 싫어
세로 살이
날줄 살림을 차렸다

멈춤의 도우미로
쉼의 슬기를 깨달은
붙박이 노릇

성경과 불경에 갇힌
더부살이 삶

끝내는 겨울잠 맞는
나그네 되어

홀아비 보람줄*로
대쪽 성깔에 빠진다

*씨줄 : 한반도 휴전선의 빗댐
*보람줄 : '책갈피끈' 의 이름씨

아이고

눈
맞추려다
절레절레

성끗 웃음 띄며
그래 그래

할머니의 애틋함
맏상제는 허리 굽혀

아이고 아이고

꼬박

꼬박
날밤 새는
등불
또는 꼬마 형광등

뭣 땜에
눈 붙일 생각은 않는지

한 사나흘
먼 바깥 나들이
길동무라

꺼낸
얘깃거리는
말머리(말뜸/ 話頭)일세

물음

하늘빛이
바다빛인지
바다빛깔이 하늘빛깔인지
비색翡色*은 아닌 것을
누구에게 물어 보노

옹달샘이 놀이턴지
놀이터가 옹달샘인지
잔디밭도 아닌 것을
산새들의

시방세계十方世界*는
피안인가 차안인가
온 누리는 말이 없는데

누구한테 여쭤 보노

*비색 : 고려인들이 찾아낸 도자기의 비취 같은 푸른색
*시방세계 : 불교에서 일컫는 온 세상

블루베리의 꿈

이제 옛 꿈 접어도
서럽지 않을 거다

시베리아 칼바람 재워

아리랑을 부를 테니

*블루베리의 원산지는 시베리아이며, 우리나라 말로는 '들쭉' 이다.
*블루베리의 사철시 잠(겨울), 봄, 여름 가운데 '열매' (가을)를 적은 것임.

그리움

흘러간 계절은
퇴락해 버린 기억이다

혼 빠지게 달려왔던 연륜도
떡갈나무로 물들고

애틋했던 언약도
먼 산마루에 걸린 채
시작도 끝남도 바람 되어
고향 찾아갔는가

아니면 무슨 색깔로 잠들었는지
옛 동무 그리워
하냥 눈물 고인다

뜰

마당을 가꾸면
뜰이 되고
뜰을 가꾸면
아름다움인데

아름다움을 가꾸면
살가움이 솟고
살가움을 가꾸면
사랑이 핀다

부름 받은 이

시건방떨거나 게으름뱅이는
비슷한 또래로
부름 받은 후보라 할지라도
어처구니없는 녀석들이다

겁 없이 부지런한 이는

엘리사와
베드로나
마태인데

마른 땅처럼
요단강을 건너거나
그물을 던지거나
셈을 다룬 이로

좀처럼 쉼 없는
사내들이다

자정의 데생

최소한 작열하는
태양 아래서
그 님을 꿈꾼다는 것은
어림도 없다

그렇다고 삿갓 씌운
형광등 아래서
몇 밤이고 떠올리는 것도
어리석은 짓이다

자정에 먹물감으로
덧칠이나 할까 보다

쪼가리

여기 쪼가리의 다툼이 있다

달마다 말일이 되면
쪼가리의 투정이 나타난다
집안살이 지출 땜에
벌어지는 다툼이다

쪼가리의 본체는 온 것이다
반쪽에도 못 미치는 쪼가리는
숫자 맞추기엔 푸념의 씨앗으로
시빗거리가 된다

설령
종이 쪼가리든
천 쪼가리는
쓸모없는 쪼가리이긴 해도
아예 뒷말이 없지만

돈 쪼가리는
오나가나 말썽꾸러기다

반 쪼가리는
나눗셈이 안 되는
허수라서 그럴까

바다 속

깊은 바다 속은
요정들의
심심찮은 놀이터란다

이승 속 저승

희한하게도
눈 없는 고기들*이
노닌단다

*눈 없는 고기 : '바다에 오르다' [김웅서 지음] 260쪽에서 따옴

제4부

강가에서

찰랑찰랑

이른 새벽녘에
떠놓은 엄마의 정화수

아가 손에 들리운 우윳잔

소녀들의 주름치맛자락

바위 치고 올라온
파도 끝물

돌확에 가득 고인 빗물

올망졸망

갓 태어난 누렁이 새끼들

아가의 네 잎 발가락

국화 흉내 내느라
발돋움하는 개망초

채송화 어깨 겨누는
눈웃음

소식 뜸하네

어릴 적 소꿉동무들과는
형제보다 더 친한 사이였지만
철들고 시근들고 나이 먹자
제 갈 길 챙기느라 모두 헤어졌다

선배들은 당연한 인생사라고 했다

어느 날 먼 산 산행길에
소나기 퍼부어
민박에 갇혀
제대로 소주잔을 비우면서
그 옛적 동무들
소식 올까 하고 기다려 봤지만

어영부영 또 10여 년이 흘러갔고
회억 속에 파묻혀
도도한 외로움만 찼다

옛 벗들 소식
진짜 뜸하다 말까

다른 시작

해거름은 한날도 걸리지 않고
능선에 걸려
슬프게 물듭니다
마감 때문이죠

아니오 시작일 따름입니다

쓰시던 글 잠깐 접어두시고
동산으로 올라가시죠

계류가에 섰는
물푸레나무한테
한 말씀 드려야죠

속살 시리더라도
이 계절 넘기는 게
또 다른 시작이라고
타일러 주셔야죠

눈웃음

맘 속 우물 깊이는
하도 깊어서
몇 길인지 모르지만

놀라움과 착함이
함께 노닐다가도
날카로움이 치밀면

대뜸 바깥나들이에 나섭니다

소리 없는 웃음은
예쁜 표정도 짓겠지만
맘 내키잖으면

이내 숨어 버리고 맙니다

유엔UN은 하나*

바다도 하나
하늘도 하나

오늘도 하나
섣달 그믐도 하나

많음도 하나
적음도 하나

진실도 하나
우리의 소원도 하나

*박윤기 시인이 영문으로 번역 해 준 이 시는 반기문 UN사무총장께 보낼 것임.(2006년)

U.N. is the only one

Also the sea is the only one.
The sky is the only one too.

Also today is the only one.
The last day of the December
on the lunar month is the only one too.

Also plenty is the only one.
Lack is the only one too.

Also truth is the only one.
Our wish is the only one too.

Yhur H.R./ poet
translated by YounKey Park / poet

무궁화 · 3

수줍은 듯 묻은 가슴
몰래 뽐내어도
탓할 까닭 전혀 없다

천신만고 겪은 수난
모두 풀어
하늘 사랑
땅 사랑

멍울 삭이고
한얼 뜻 새겨
길이 꽃 피거라

설마

뒤통수 맞기 전의 푸념

이를테면
정치인들의 놀이는
결코 병정놀이가
아니듯이

한날의 해가 질까는
가당찮은
저승의 착각이다

미래란 죽음의 서곡이지
변주곡은 아니다

망상의 적이 설마라서
설마가 사람을 죽이는 걸까

한날 생각

봄날이 가버린
어느 한날
혼자 남산에 올랐다

오르다 보니
돌계단 쯤에서
서울을 내려다봤다

제 멋대로 들어선 빌딩 숲이
하도 어지러워

얼른 뒤돌아서서
남쪽으로 눈길을 옮겼다

고향 쪽이라는 생각이 들자
옛 동무들이 떠올랐다

그랬지만 괜한 생각이었다

이미 먼 나라로 가버린
동무들뿐이니
저절로 눈이 감겼다

풍선

호박밭에 탯줄 뿌리를
내리려는 데
꼬마녀석이 놓아 버렸지

무조건 두둥실 해방감에
만삭의 기쁨을
달님께 알리고
햇님께 전하려 했지

이슥한 별밤이면
멈춤없이 여행길 나서고
지치면 미리내에
쉬었다 갈까 했지

배부른 녀석들이
바깥 세상 내다보려다
자폭하고 말았지

세월

한 밤 자고 나면
한 주가 가고

돌아서면
한 달이 가고

왔다 갔다 하면
한 해가 저문다

마음 밭

텅텅 비어도 뿌듯하고
꽉꽉 채워도 허전할 뿐

어느 구석에 있는지
외할머니도
가르쳐 준 적 없었다

먼 산 너머 저녁놀까지

힘 빠지도록 갈았지만
사래를 못쳤으니

그만 둘까 봐

십자고상十字苦像

가끔 십자가에 못 박히신 예수님을
가슴 속에서 꺼내어 볼 때가 있습니다

어느 날은 이탈리아의 유명 화가가 그린
십자가를 감상하게 되었는데 Y자형의
굵은 나무기둥 틈새에 예수님의 머리얼굴이
얹혀 있었습니다

배경에는 생명의 빛깔인 푸른색을 깔아 놓았고
하나님의 부름만을 기다리는 모습이었습니다

어찌 십자가에 못 박힌 형상을 감상했다고 하겠는가

한없이 고마워서 속빈 가슴 쪼개어 놓고
두 손 모아 기도 드릴 뿐입니다

끝내는 눈물만 흘릴 수가 없어 두 눈 두 귀 모두 감추어
버렸습니다

*십자고상十字苦像 : 로베르토 치포로네(Robert Ciporone) 작품 이름. 『새가정』 2016년 1월호 송병구 목사님의 글에서 인용

합장合掌

용문산 초입
원효대사의 지팡이로 싹틔웠다는
천년 묵은 은행나무 한 그루
하늘 버티고 서 있다

똥배 부르고 엉덩이 큰
놈년들
죗값 치르려고 합장을 하니

네 이놈
되돌아갔다가 한 10년 뒤에나
다시 오거라 하고

보살에겐 네 이년
선 자리에서 꼼짝 말고 10년쯤
섰거라 하신다

당혹한 년놈들
눈길 스침도 없이 뭐가 그리 바쁜지
범발같이 내뺀다

하얀 기억

거울 속 내 얼굴
외할머니 따라갔던
절집 해우소의 회칠 벽

노신사의 백구두
아내의 면사포와 속치마

어머니 저세상 가던 날
얼굴 덮었던 침대보

독노에 피어 오른 뭉게구름
청마靑馬의 파도인가

몰래 스치는 눈발인가

그믐달

저만큼 위에서
빤히 내려다보고 섰는
임자 없는 한필閑筆

누구의 작품이지

눈썹만큼이나 가녀린
윤기 없는 민낯에다

왜 저렇게 멈추고 있지
못 본 척하라는 건가

결국

생각하기 나름인 맘

아님 아니지 뭘 그런 건가

눈이 아니면 빈가
비가 아니면 눈인가

꽃 핌인가 꽃 짐인가

어정쩡한 놀림 말이라는 거지
그래 나 그럴 줄 알았다고

결국은 역시구나

들녘에 핀 노래

강 건너 들녘에
나루터가 있어
설익은 전설이 서리어 드는데

희떠운 몇갓 되련만
메아리도 없이
이끼 말라빠진 바위에 노을이 익고
마지막 연륜이 꽃으로 하여 숨지는 보람의 기틀
건넛 동리 뿌연 연기사
북풍을 반기려는 자세

강이 끝난 지평선 위엔
멋없는 구름떼가 피어오르는데
서릿발에 파란 싹을 한꺼번에 심고야

들녘은
차라리 허전을 충만되이 살 테지만
엷은 갈증에 여운이 일고
세어가는 노을이 거북하게 많은가 보다

바람은 억센
억새풀꽃 노래

*등단시(1962년)

버팀목

갓 옮긴 포도밭에
잔뿌리 내리라고
세발짜리 막대기 묶어 놓은
과수원 아저씨

해묵은 밀짚모자
폭 내려쓰고
먼 발치서
손주 다루듯
사래치고
봇도랑 튼다

하늘 뜬 종달새
딴전 피우자
벌 나비 까치떼
덩달아 빗겨 가고

한 습* 강아지 눈치 챘는지
얼씬도 않으니
세발 버팀
엄청 놀랍구나

*한 습 : 한 살

여 해룡

서울에 사는 외로운 부산갈매기요 우취칼럼니스트
여 해룡의 우표여행
국내에서 최초로 선보인 그의 우표 칼럼집이다

부산지방의 초창기 한국기독학생 운동을 이끌었고
유신체재 반대로 붙들려 투옥되기도 했던 반골
서울장신대학에서 서양문화사를 가르친 교수였다

나와 함께 광화문우체국에 사서함을 가지고 있고
내 사무실이 있는 광화문과 종로가 그의 주 무대이다
칠학년 답지 않는 뜨거움과 호탕한 웃음 저편에는
뭉클한 눈물이 얼비치는 사람

함께하는 인사동 낭만클럽에서 술잔을 부딪치고 나면

김 동진 씨가 작곡해 준 자신의 시 〈강가에서〉를 노래하며
흘러가 버린 세월을 더듬는 아름다운 노을이다.

※ 허홍구 인물시집 《그 사람을 읽다》에서

강가에서

해거름 강가에
저만치 갈대의 손짓
노을 따라 날아오르는
물새 울음에
실려오는 실려오는
샛바람 소리
물안개 걷히면
사공의 환한 웃음

님아 노래하고 있는가
옛 시인의 노래
잠든 강물을 강물을
깨우는구나

님아 노래하고 있는가
옛 동무의 노래
출렁이는 강물을 강물을
재우는구나

강가에서

여해룡 작사 · 김동진 작곡

서정적으로 리듬있게

5 해거름 강가-에 저만치갈대의손 짓
달빛에 출렁이는 금빛은빛흐르는 빛

9 노을따라 날아오르는 물새-울음 에
잘게잘게 부-서지며 오가는조각 배

13 실려오는 실려오는 샛바람소-- 리
강물-에 춤추-며 달가듯이가듯 이

17 물안-개 걷히-면 사공의환한웃 음
온갖근심 온갖근심 띄-워보-낸 다

21 님아노래하고 있는가 옛시인의 노 래
님아노래하고 있는가 옛동무의 노 래

25 1. 잠든강-물을 강물을 깨우는구 나
출렁이-는- 강물을 재우는구 나

29 2. 잠든강-물을 강물을 깨우는구 나
출렁이-는- 강물을 재우는구 나

옛 추억

여해룡 작사 · 김동진 작곡

서정적으로

mf

5
진달래 입에물며 뒹굴던 동산에는

9
올해도 빨갛게 물들어 옛날을 부른다

13
멧등에 오-르니 추억만 가득한 데

17
강물처 럼 그날들 은 흘러만 갔 구 나

21
달 빛 과 별 - 빛은 옛날처럼밝 아 도

25
그 리 운 얼굴 들은 보이지 않 는 다

29
옛 동 무 그 리 -워 강가로 나가보- 면

33
물장구치던 추억 만-이 마음을 흔 든 다

37
강바람 불어와 서 옛말을 속삭이 면
41
그 리 운 추 억 이 눈시울을적셔준 다
45
소 모 는 목 동 이 저녁놀 비껴갈 때
49
그 리 운 얼 굴 들 별 – 되어떠오른 다

교가

여해룡 작사 · 안일웅 작곡

- 동래여자상업고등학교
- 현. 三井고등학교

사가

여해룡 작시 · 안일웅 작곡

• 한상전자공업주식회사

작곡자의 변

류 연 형

부산우취회 창립 40주년을 맞아 부산우취회가를 제정하게 된 것을 기쁘게 생각합니다. 부산우취회의 초창기부터 참여해 왔던 사람으로서 회가의 가사에 곡을 붙이는 작업을 하게 되어 더욱 뜻깊은 일이라 생각됩니다.

존경하는 여해룡 선생님의 좋은 가사를 받고 그 글 속에 담긴 정신을 3박자의 우리 민속조에 담아 씩씩하고 흥겨운 리듬으로 부산우취회의 무궁한 발전을 기원하는 마음으로 가락에 옮겼습니다.

가사가 1절뿐이기 때문에 공식적으로 부를 때 두 번 반복하되 두 번째는 ①을 생략하고 ②로 넘어가야 하며, 끝음으로 1옥타브 올려서 발전하는 기분을 나타내었습니다. 아무쪼록 여러분의 애호 애창을 바랍니다. (1996. 2. 20)

등단작품(詩) 1962년 「국제신보」 학생시선

들녘에 핀 노래

1962年 1月20日

들녘에 핀 노래

呂 海 龍 ([illegible])

갈잔디 들녘에
나꽃더가 있어
계절은 철새 따라
샘이은 전설이 서리어 트는데

외피은 벗갓 피련만
메아리도 없이
이끼 말라빠진 바위에 노을이 익고
마지막 年輪의 꽃으로다며 숨지는 보람
의 깃벌

건넛 풍리 꾸연 연기사
곡풍을 받기려는 자세

강이 끝난 지평선 위엔
멋없는 구름띠가 피어 오르는데
서덧발에 파란싹을 한꺼번에 심고야

들녀기은
자라리 허전을 충만되히 살테지만
밑은 잔중에 여운이 있고
세어가는 노을이 거룩하게 많은가 부다

바닷는 여신
여세끝꽃 노대

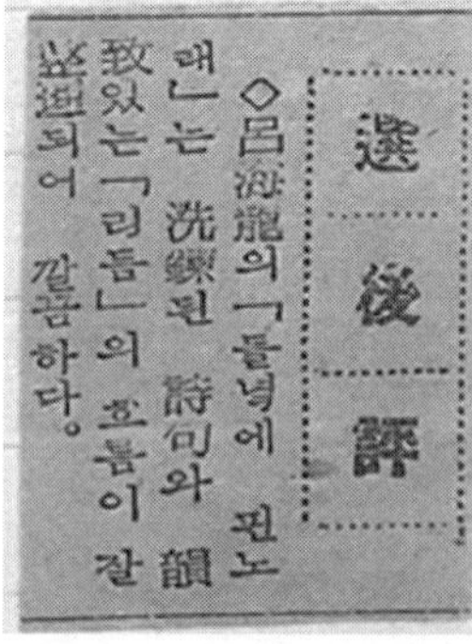

選後評

◇呂海龍의 「들녘에 핀노래」는 洗鍊된 詩句와 韻致있는 「리듬」의 흐름이 잘 精選되어 깔끔하다。

추천심사위원 최계락 · 정종화

기독교시단 제1집 표지

기독교시단 제1집 속표지

基督教詩壇

第 1 輯

—宣 約—

「基督教詩壇」은 우리 한국 땅에 基督教文學을 뿌리 박고 創造 開花시켜 풍성한 結實을 가져오게 해야 하는 客觀的, 時代的인 요청과 이에 대한 누를 수 없는 熱意와 誠意로써 創刊 發足하는 필연적인 產物로서의 自覺과 使命感을 堅持해 나가고자 합니다。

「基督教詩壇」은 그러므로 우리 한국 땅에 훌륭한 基督教詩를 創造 結實시키려는 모든 基督教詩人들의 共同의 發表機關이 되고자 하며 어느 特定한 教派나 文學的 流派와 傾向을 超越하여 오직 作品 자체의 文學的 要素만을 重視하는 面에서 보다 더 넓고 包容的인 雅量을 堅持해 나가고자 합니다。

「基督教詩壇」은 基督教詩 자체의 創造的인 成果뿐 아니라 더 나아가 우리 現代詩 전체의 精神的 指向을 基督教的이고 生命的인 높이로 이끌어 올리고 深化시키기 위해서 보다 더 眞摯하고 前進的인 探求와 摸索의 姿勢를 堅持해 나가고자 합니다。

基督敎詩壇 第1輯 1965·3

金基昇·題字
鄭圭·表紙畵
白榮洙·컷
河麟斗
李術漢

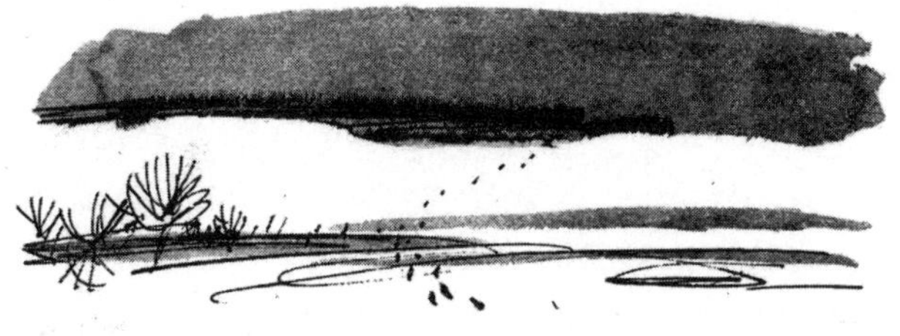

高級外交官들의 專用語지
어디 당신네들의 對話일 수야
있겠읍니까
아예 본받지 마시길……。

이새끼
저새끼
뱃떼지를 뚫어 버릴라
갈 놓지 마
개새끼
개샛끼

헬로
익스 큐즈 미
메이드 인 유 에스 에이
오 미쓰 킴
오 댕큐

對話

呂海龍

당신네들은 언제인가
시골의 洞口밖에서
질갱이풀의 生理를 읽은적이
있었읍니까
속칭 빼빼쟁이풀이라고도 하지요
그러니까 그것은
가물은 世情에
값싼 社會事業家가 되기전에
차라리 인색하고 깍쟁이 같은
질갱이풀이 되어도 좋다는
말씀입니다。
하지만 立體的인
對話들이랑은

※ 위의 시로 인해 당국에 연행됨

여해룡 시집

들녘에 핀 노래

•

지은이 / 여해룡
발행인 / 김영란
발행처 / 한누리미디어
디자인 / 지선숙

•

08303, 서울시 구로구 구로중앙로18길 40, 2층(구로동)
전화 / (02)379-4514, 379-4519
Fax / (02)379-4516
E-mail/hannury2003@hanmail.net

•

신고번호 / 제 25100-2016-000025호
신고연월일 / 2016. 4. 11
등록일 / 1993. 11. 4

•

초판발행일 / 2017년 6월 30일

•

•

값 10,000원

•

※잘못된 책은 바꿔드립니다.
※저자와의 협약으로 인지는 생략합니다.

•

ISBN 978-89-7969-748-3 03810